中宣部2022年主题出版重点出版物

"十四五"国家重点图书出版规划项目

纪录小康工程

全面建成小康社会

山东影像记

SHANDONG YINGXIANGJI

本书编写组

山东人民出版社

责任编辑：谭　天

封面设计：石笑梦　王凤娟

版式设计：王凤娟

图书在版编目（CIP）数据

全面建成小康社会山东影像记／本书编写组编 . — 济南：山东人民出版社，
　2022.10

（"纪录小康工程"地方丛书）

ISBN 978 - 7 - 209 - 13804 - 8

I.①全… II.①本… III.①小康建设 - 成就 - 山东 - 摄影集 IV.① F124.7 - 64

中国版本图书馆 CIP 数据核字（2022）第 071545 号

全面建成小康社会山东影像记

QUANMIAN JIANCHENG XIAOKANG SHEHUI SHANDONG YINGXIANGJI

本书编写组

山东人民出版社出版发行

（250003　济南市市中区舜耕路 517 号）

山东临沂新华印刷物流集团有限责任公司印刷　新华书店经销

2022 年 10 月第 1 版　2022 年 10 月济南第 1 次印刷

开本：710 毫米 ×1000 毫米 1/16　印张：16.25

字数：170 千字

ISBN 978 - 7 - 209 - 13804 - 8　定价：57.00 元

邮购地址 250003　济南市市中区舜耕路 517 号

山东人民出版社市场部　电话：(0531) 82098027

总　序

为民族复兴修史　为伟大时代立传

　　小康，是中华民族孜孜以求的梦想和夙愿。千百年来，中国人民一直对小康怀有割舍不断的情愫，祖祖辈辈为过上幸福美好生活劳苦奋斗。"民亦劳止，汔可小康""久困于穷，冀以小康""安得广厦千万间，大庇天下寒士俱欢颜"……都寄托着中国人民对小康社会的恒久期盼。然而，这些朴素而美好的愿望在历史上却从来没有变成现实。中国共产党自成立那天起，就把为中国人民谋幸福、为中华民族谋复兴作为初心使命，团结带领亿万中国人民拼搏奋斗，为过上幸福生活胼手胝足、砥砺前行。夺取新民主主义革命伟大胜利，完成社会主义革命和推进社会主义建设，进行改革开放和社会主义现代化建设，开创中国特色社会主义新时代，经过百年不懈奋斗，无数中国人摆脱贫困，过上衣食无忧的好日子。

　　特别是党的十八大以来，以习近平同志为核心的党中央统揽中华民族伟大复兴战略全局和世界百年未有之大变局，团结带领全党全国各族人民统筹推进"五位一体"总体布局、协调推进"四个全面"战略布局，万众一心战贫困、促改革、抗疫情、谋发展，党和国家事业取得历史性成就、发生历史性变革。在庆祝中国共产党成立100周年大会上，习近平总书记庄严宣告："经过全党全国各族人民持续奋斗，我们实现了第一个百年奋斗目标，在中华大地上全面建成了小康社会，历史性地解决了绝对贫困问题，正在意气风发向着全面建成社会主义现代化强国的第二个百年奋斗目标迈进。"

这是中华民族、中国人民、中国共产党的伟大光荣！这是百姓的福祉、国家的进步、民族的骄傲！

全面小康，让梦想的阳光照进现实、照亮生活。从推翻"三座大山"到"人民当家作主"，从"小康之家"到"小康社会"，从"总体小康"到"全面小康"，从"全面建设"到"全面建成"，中国人民牢牢把命运掌握在自己手上，人民群众的生活越来越红火。"人民对美好生活的向往，就是我们的奋斗目标。"在习近平总书记坚强领导、亲自指挥下，我国脱贫攻坚取得重大历史性成就，现行标准下9899万农村贫困人口全部脱贫，建成世界上规模最大的社会保障体系，居民人均预期寿命提高到78.2岁，人民精神文化生活极大丰富，生态环境得到明显改善，公平正义的阳光普照大地。今天的中国人民，生活殷实、安居乐业，获得感、幸福感、安全感显著增强，道路自信、理论自信、制度自信、文化自信更加坚定，对创造更加美好的生活充满信心。

全面小康，让社会主义中国焕发出蓬勃生机活力。经过长期努力特别是党的十八大以来伟大实践，我国经济实力、科技实力、国防实力、综合国力跃上新的大台阶，成为世界第二大经济体、第一大工业国、第一大货物贸易国、第一大外汇储备国，国内生产总值从 1952 年的 679 亿元跃升至 2021 年的 114 万亿元，人均国内生产总值从 1952 年的几十美元跃升至 2021 年的超过 1.2 万美元。把握新发展阶段、贯彻新发展理念、构建新发展格局、推动高质量发展，全面建设社会主义现代化国家，我们的物质基础、制度基础更加坚实、更加牢靠。全面建成小康社会的伟大成就充分说明，在中华大地上生气勃勃的创造性的社会主义实践造福了人民、改变了中国、影响了时代，世界范围内社会主义和资本主义两种社会制度的历史演进及其较量发生了有利于社会主义的重大转变，社会主义制度优势得到极大彰显，中国特色社会主义道路越走越宽广。

全面小康，让中华民族自信自强屹立于世界民族之林。中华民族有五千多年的文明历史，创造了灿烂的中华文明，为人类文明进步作出了卓越贡献。近代以来，中华民族遭受的苦难之重、付出的牺牲之大，世所罕见。中国共产党带领中国人民从沉沦中觉醒、从灾难中奋起，前赴后继、百折不挠，战胜各种艰难险阻，取得一个个伟大胜利，创造一个个发展奇迹，用鲜血和汗水书写了中华民族几千年历史上最恢宏的史诗。全面建成小康社会，见证了中华民族强大的创造力、坚韧力、爆发力，见证了中华民族自信自强、守正创新精神气质的锻造与激扬，实现中华民族伟大复兴有了更为主动的精神力量，进入不可逆转的历史进程。今天，我们比历史上任何时期都更接近、更有信心和能力实现中华民族伟大复兴的目标，中国人民的志气、骨气、底气极大增强，奋进新征程、建功新时代有着前所未有的历史主动精神、历史创造精神。

全面小康，在人类社会发展史上写就了不可磨灭的光辉篇章。中华民族素有和合共生、兼济天下的价值追求，中国共产党立志于为人类谋进步、为世界谋大同。中国的发展，使世界五分之一的人口整体摆脱贫困，提前十年实现联合国2030年可持续发展议程确定的目标，谱写了彪炳世界发展史的减贫奇迹，创造了中国式现代化道路与人类文明新形态。这份光荣的胜利，属于中国，也属于世界。事实雄辩地证明，人类通往美好生活的道路不止一条，各国实现现代化的道路不止一条。全面建成小康社会的中国，始终站在历史正确的一边，站在人类进步的一边，国际影响力、感召力、塑造力显著提升，负责任大国形象充分彰显，以更加开放包容的姿态拥抱世界，必将为推动构建人类命运共同体、弘扬全人类共同价值、建设更加美好的世界作出新的更大贡献。

回望全面建成小康社会的历史，伟大历程何其艰苦卓绝，伟大胜利何其光辉炳耀，伟大精神何其气壮山河！

这是中华民族发展史上矗立起的又一座历史丰碑、精神丰碑！这座丰碑，凝结着中国共产党人矢志不渝的坚持坚守、博大深沉的情怀胸襟，辉映着科学理论的思想穿透力、时代引领力、实践推动力，镌刻着中国人民的奋发奋斗、牺牲奉献，彰显着中国特色社会主义制度的强大生命力、显著优越性。

因为感动，所以纪录；因为壮丽，所以丰厚。恢宏的历史伟业，必将留下深沉的历史印记，竖起闪耀的历史地标。

中央宣传部牵头，中央有关部门和宣传文化单位，省、市、县各级宣传部门共同参与组织实施"纪录小康工程"，以为民族复兴修史、为伟大时代立传为宗旨，以"存史资政、教化育人"为目的，形成了数据库、大事记、系列丛书和主题纪录片4方面主要成果。目前已建成内容全面、分类有序的4级数据库，编纂完成各级各类全面小康、脱贫攻坚大事记，出版"纪录小康工程"丛书，摄制完成纪录片《纪录小康》。

"纪录小康工程"丛书包括中央系列和地方系列。中央系列分为"擘画领航""经天纬地""航海梯山""踔厉奋发""彪炳史册"5个主题，由中央有关部门精选内容组织编撰；地方系列分为"全景录""大事记""变迁志""奋斗者""影像记"5个板块，由各省（区、市）和新疆生产建设兵团结合各地实际情况推出主题图书。丛书忠实纪录习近平总书记的小康情怀、扶贫足迹，反映党中央关于全面建成小康社会重大决策、重大部署的历史过程，展现通过不懈奋斗取得全面建成小康社会伟大胜利的光辉历程，讲述在决战脱贫攻坚、决胜全面小康进程中涌现的先进个人、先进集体和典型事迹，揭示辉煌成就和历史巨变背后的制度优势和经验启示。这是对全面建成小康社会伟大成就的历史巡礼，是对中国共产党和中国人民奋斗精神的深情礼赞。

历史昭示未来，明天更加美好。全面建成小康社会，带给中国人民的是温暖、是力量、是坚定、是信心。让我们时时回望小康历程，深入学习贯彻习近平新时代中国特色社会主义思想，深刻理解中国共产党为什么能、马克思主义为什么行、中国特色社会主义为什么好，深刻把握"两个确立"的决定性意义，增强"四个意识"、坚定"四个自信"、做到"两个维护"，以坚如磐石的定力、敢打必胜的信念，集中精力办好自己的事情，向着实现第二个百年奋斗目标、创造中国人民更加幸福美好生活勇毅前行。

目录

20世纪90年代，农业机械装备突破了人力畜力的客观限制，能够比较标准地实施土壤深耕、深松，化肥深施技术，改善了土壤结构，有效地实现了农民增收。

更富强

全面建成小康社会 山东影像记

经济发展筑基石

全面小康，经济发展是基础。乘着改革的强劲东风，敢闯敢试的山东人民，把握历史机遇，争做时代弄潮儿，以自己的创新实践，创造了生动鲜活的齐鲁样本。包产到户先行突破，乡镇企业异军突起，基础建设走在前列，创造农业产业化经营等农村改革经验……春华秋实，不负耕耘。在全面建成小康社会的征途中，山东省委、省政府带领全省人民攻坚克难、加压奋进，坚定不移抓好既有工作部署，与时俱进优化发展思路，巩固拓展比较优势，书写出一份无愧于历史、无愧于人民的答卷。乡村振兴全面起势，『十强』现代优势产业集群得到深耕，新旧动能转换正在全面突破，高质量发展积厚成势，全省经济社会发展稳中向好、进中提质，新时代社会主义现代化强省建设迈出坚实步伐。

1977 年，生产队的"壮劳力"往地里运送土杂肥。

左图：1978 年，沂蒙山区某生产队的大田玉米喜获丰收。

右图：1974 年，生产队社员在进行春季播种。

1997 年，大面积的麦田用上了联合收割机。

　　2021年6月8日，一场粮食机收减损技能大比武在临沂市郯城县泉源镇开赛，旨在引导广大农机手通过比赛提高操作技能，确保颗粒归仓。图为参赛选手操作收割机收割小麦。

左图：20 世纪 50 年代，济南二机床集团研制龙门刨床，向国庆献礼。

右图：进入 21 世纪，"大国重器"的铸造者们书写了"心无旁骛做主业"的新时代故事。图为济南二机床集团自动化产品装配现场。

左图：1988 年，电业局为山区农村架电线。

右图：2020 年，电力设备跨越黄河，助力先行区建设提速。

　　2018 年 3 月 8 日，习近平总书记在参加十三届全国人大一次会议山东代表团审议时，为山东擘画了"走在前列、全面开创"的美好蓝图。山东牢牢把握高质量发展这一根本要求，加快推动经济大省向经济强省战略性转变。图为日新月异的济南汉峪金谷。

"十强"产业是新旧动能转换的"主战场"。山东将新一代信息技术、高端装备、新能源新材料、现代海洋、医养健康五大新兴产业和高端化工、现代高效农业、文化创意、精品旅游、现代金融服务五大优势产业作为突破点和发展方向。图为由烟台中集来福士海洋工程有限公司研发建造的国内首座深远海智能化坐底式网箱"长鲸一号"。其于 2019 年 4 月交付,成为山东省深远海智能渔业养殖和海上休闲旅游的新"地标"。

　　历经十年攻关，中集来福士在深海平台设计建造这个被欧美国家、韩国及新加坡等国垄断的领域实现了突破，国产化率从不足 10% 提高到 60%，中国深海平台自主设计建造水平迈入世界先进行列。图为烟台中集来福士鸟瞰图。

　　以"蛟龙号""向阳红01""科学号"以及"海龙号""潜龙号"为代表的一批具有自主知识产权的山东深远海装备投入使用，拓展了认识海洋、开发海洋的广度和深度。图为2012年6月，"蛟龙号"载人潜水器创造世界同类作业型潜水器7062米的最大下潜深度纪录。

　　坐落于黄河岸边的滨州市渤海先进技术研究院，按照"要素资源化、资源平台化、平台公司化"理念，以企业为主体、市场为导向，视技术为产品、研发为产业，集聚科技创新资源、服务科技创新活动、承载科技创新主体，打造创新创业创造新生态，成为富强滨州建设新动能。

在烟台经济技术开发区，以万华化学等企业为龙头的高端化工产业集群正向千亿级产业集群的目标加速迈进。图为万华化学集团夜景一角。

　　东岳集团 2019 年入选山东省"十强"产业集群领军企业库，其
含氟燃料电池膜核心技术达国际一流水平。图为东岳集团生产线。

加快新旧动能转换和高质量发展，根本路径在于把创新作为第一动力，向创新要活力。山钢日照精品钢基地自主创新 1000 余项工艺技术成果，为打造高端产品提供"内核动力"。图为山钢日照精品钢基地建设现场。

　　山东新旧动能转换综合试验区遍及山东省全境，包括济南、青岛、烟台三大核心城市，十三个设区市的国家和省级经济技术开发区、高新技术产业开发区以及海关特殊监管区域，形成"三核引领、多点突破、融合互动"的新旧动能转换总体布局。济南作为山东新旧动能转换"三核"中的一极，充分发挥经济实力雄厚、创新资源富集等综合优势，先试先行、率先突破、辐射带动，打造新旧动能转换主引擎。

2019 年 5 月 9 日，国家超级计算机济南中心科技园项目正式启用。该项目是经科技部批准成立的千万亿次国家超级计算中心之一，正在主导山东省"超级计算"大科学工程，研制建设全球算力领先的新一代超级计算机，并积极推动根植山东、覆盖全国、辐射全球的超算互联网建设，力争成为推动国家基础科学进步和重大技术攻关，加速企业科技创新的重要手段和载体平台。

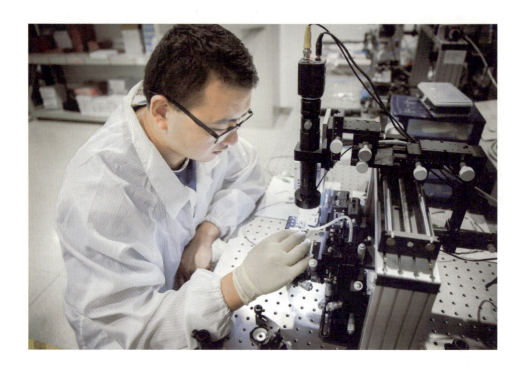

　　聚焦创新驱动培训，壮大重大创新平台，量子通信等高端科技项目
取得重大突破，为新旧动能转换提供了强大动力。图为科研人员在工作。

　　山东"一企一策"定下国企改革"倒计时"，按下"快进键"。2020 年 5 月起，潍柴二级部门干部岗位精简了 11%，通过自我革命选拔真正能干事、会干事的人才，为企业高质量可持续发展夯实基础。2020 年，潍柴产销各类发动机突破 100 万台，同比增长 33%，成为全球最大的柴油机产业集群。图为潍柴集团生产线。

　　近年来，山东省全面贯彻绿色低碳发展理念，把加快新能源汽车发展作为培育新动能、发展新经济、推动产业迈向中高端的重要内容，推动新能源汽车向绿色化、高端化、智能化发展。图为坐落在青岛莱西的北汽新能源青岛产业基地。其为青岛市政府"百亿级和千亿级产业园区"重点产业规划项目之一，也是山东省加快新旧动能转换的示范工程之一。

位于山东省烟台市经济技术开发区的上汽通用东岳基地，现拥有冲压、车身、油漆、总装四大整车生产工艺和铸造、锻造、发动机、变速箱等动力总成车间。车身车间融合了当今先进的车身制造理念，首次采用了高密度机器人、GEO-pallet 高速输送系统、5+1 车型的总拼 Gate 设计等，拥有各类机器人 465 台。图为车身车间十几台高密度机器人同时进行焊接作业。

　　2019 年 7 月 24 日，中央全面深化改革委员会第九次会议审议通过了《中国—上海合作组织地方经贸合作示范区建设总体方案》，进一步明确了上合示范区的建设定位：打造"一带一路"国际合作新平台。图为上合示范区鸟瞰图。

左图：建设中国（山东）自由贸易试验区，在投资自由化、贸易便利化、金融国际化等方面不断释放新动能。图为山东自贸试验区青岛片区实景。

右图：山东一直致力于加强对"一带一路"沿线国家投资合作。图为中国在中东欧最大的投资项目——中国匈牙利宝思德经贸合作区，该合作区由山东万华实业集团主导开发。

基础设施对山东经济发展的支撑作用更加强劲有力，
信息畅通、公路成网、铁路密布、大桥巍峨，天涯成咫尺，
天堑变通途，越来越长的高架将城市"揽"在"怀"。

　　截至 2020 年底，山东省共有济青高铁、石济客专、青盐铁路、潍莱高铁、鲁南高铁日照至临沂段和临沂至曲阜段等 6 条高速铁路建成通车，全省高速铁路运行里程达到 2110 公里，由 2016 年底的全国第 13 位跃居到第 3 位，形成"一纵两横"环鲁高速铁路网，6 小时可环游齐鲁八市。

　　2021年8月12日，青岛胶东国际机场正式实施转场运营。该机场的设计运行等级为国内民航最高的4F级，也是山东省首座4F级机场、中国民航首批18个"智慧型机场"示范项目之一。规划到2025年，可满足旅客吞吐量3500万人次、货邮吞吐量50万吨、飞机起降30万架次的保障需求。

　　穿越沂蒙群山的鲁南高铁，大量高科技被运用到隧道与桥
梁的建设之中，使其成为高铁建设的标杆工程。

2022年1月18日上午，世界上最大跨度的三塔自锚式悬索桥——济南黄河凤凰大桥正式通车。至此，济南现有过黄通道15处，规划新增11处，形成26处过黄河通道布局。未来，济南主城区跨黄通道平均间距缩短到3公里。

作为"两桥一隧一高速"的重要部分，济乐高速成为
济南跨越黄河的交通"先锋"。

　　为加快北跨黄河进程，2021年9月，"万里黄河第一隧"济南黄河隧道建成通车。开车最快4分钟、乘坐地铁2.5分钟可穿越黄河。

　　作为济南市城区快速路网"家族"的最后一位成员，1.6公里的望岳快速路隧道的通车，意味着济南市规划的"两横三纵"城区快速路网全部建成。顺河快速路南延至绕城高速后，将填补济南快速路网最重要一环。图为隧道内部景观，驾车行驶其中仿佛置身蓝色星光的泉底，点点饰灯宛若星空，堪称济南最美隧道。

　　位于青岛市的青岛海湾大桥，又称胶州湾大桥，是我国自行设计、施工、建造的特大跨海大桥。其为国家高速公路网 G22 青兰高速公路的起点段，是山东省"五纵四横一环"公路网上框架的组成部分，是青岛市规划的胶州湾东西两岸跨海通道"一路、一桥、一隧"中的"一桥"。海湾大桥的建成对进一步加快山东半岛城市群建设，促进胶东半岛旅游业发展具有重要意义。

为深入实施山东海洋强省建设"十大行动",组建山东省港口集团,全省海洋生产总值突破1.46万亿元,占全省经济总量的1/5,海洋经济成为山东新动能、新产业增长最快的领域之一。图为越来越繁忙的山东港口青岛港,该港口成为自动化与智能化技术大展身手的重要平台。

　　近年来，山东加快建设世界一流的海洋港口、完善的现代海洋产业
体系、绿色可持续的海洋生态环境，推动海洋强省建设深入开展，全省
海洋经济持续健康发展。图为 2019 年 11 月 1 日，中集来福士设计建造
的"仙境烟台"号钻井平台在挪威北海的油井成功首次开钻。此次顺利
开钻，有效提升了中集来福士在国际主流海工市场的品牌影响力。

输油不见油，让海洋更蓝、港口更绿。

　　山东的能源发展，坚定不移走高质量发展新道路，将更好地服务经济社会发展，更好地推动建设清洁美丽世界。图为胜利油田青东5区块以海油陆采开发模式进行开采，实现油田开发与环境保护和谐统一。

　　坚定扛牢农业大省责任，把实施乡村振兴战略作为新时代"三农"工作总抓手，系统谋划、精准施策、狠抓落实，打造乡村振兴齐鲁样板取得重要阶段性成效，推进巩固拓展脱贫攻坚成果同乡村振兴有效衔接。图为农民正在忙着覆盖地膜。

上图：拓展"莱西会议"经验，青岛莱西市沟东新村党总支充分发挥统领作用，整合5个村庄的土地、资产、人才等生产要素，发展无核葡萄基地1200亩，辐射带动周边村庄形成6000余亩的无核葡萄产业集群。图为沟东新村村民采摘葡萄。

下图：日照市东港区涛雒镇的产业扶贫温室大棚内，村民们抱着刚收割的芹菜笑开了花。该项目占地60余亩，拥有现代化高标准联体式温室大棚3座，帮扶带动涛雒镇32个村的贫困户稳定脱贫。

　　农业科技对乡村产业振兴的支撑作用显著，全省农业科技进步贡献率超过65%，主要农作物良种覆盖率超过98%，综合机械化率达到88.95%。图为黄河三角洲国家农业高新技术产业示范区。

推动农业全产业链发展，农业高质量发展步伐加快。潍坊寿光市化龙镇盛产胡萝卜，被誉为中国胡萝卜第一镇。图为化龙镇裴岭村胡萝卜加工流水线。

2018年7月12日，全国蔬菜质量标准中心在寿光成立。建设全国蔬菜质量标准中心，是深入贯彻落实习近平总书记关于"三农"工作重要论述、实施乡村振兴战略的重要举措。山东是蔬菜大省，寿光是全国最大的蔬菜生产和集散地，全国蔬菜质量标准中心成为蔬菜产业发展的风向标和制高点，能促进蔬菜产业优质化、绿色化、品牌化高质量发展。图为基因编辑育种实验室。

　　为壮大蔬菜种植和加工这一核心业务板块，寿光蔬菜产业集团在寿光建设了近 10 万亩蔬菜产业基地，培育了寿光蔬菜主要代表品牌"七彩庄园"，在全国建设了近 30 万亩蔬菜产业基地，并在全球布局销售网络，为现代农业"走出去"蹚新路。

出台全省乡村振兴战略规划，搭建推进乡村振兴的"四梁八柱"，探索出土地托管服务、党组织领办合作社、"乡村共同体"等好经验好做法。粮食总产量连续 7 年稳定在千亿斤以上，农林牧渔业总产值在全国率先突破万亿元，乡村振兴全面起势。

上图：乡村多彩的市集。

下图：作为山东省首批"乡村振兴"重大项目之一，聊城芳香文化博览园在中国科学院植物研究所科研团队技术支撑下进行创建。占地 3000 余亩的园区集芳香植物种植、芳香产品研发、加工、销售、服务于一体，将推动当地农业产业结构调整和巩固脱贫攻坚成果工作的开展。图为被流转土地的农户在博览园收割薰衣草。

临沂市沂南县马泉村村民在柿饼加工点晾晒柿饼。
种植柿子成为当地致富的一项好产业。

喜获苹果丰收的新时代山东农民。

近年来，临沂市郯城县马头镇大力推行"藕虾共养、荷花观赏、荷叶炒茶、莲蓬进厂"的种养新模式，引导农民立体种养，实现"一塘多收"。

1990 年，临沂市沂水县柴山乡设立集市，请来
戏班子唱戏，引得村民纷纷前去观看。

更繁荣

齐鲁文化显底蕴

全面小康，是物质文明和精神文明协调发展的小康，既是经济实力的增强，也是文化软实力的提升；既使人民仓廪实、衣食足，也使人民知礼节、明荣辱。小康路上，保持爬坡过坎的压力感、奋勇向前的使命感、干事创业的责任感，尤须以文化人，促进思想解放。为此，山东省委、省政府带领广大人民群众坚持走中国特色社会主义文化发展道路，增强文化自觉，坚定文化自信，不断推动中华优秀传统文化创造性转化、创新性发展，实现县乡新时代文明实践中心、镇村综合性文化服务中心基本全覆盖……齐鲁儿女的精神生活更加丰富、精神面貌随之深刻改变，精神力量显著增强。

　　左图：1976 年，公社社员在田间休息时，集中读报学
习成为一种习惯，潜移默化地提高了认识水平。

　　右图：20 世纪 70 年代，公共文化服务设施相对短缺。
劳动休息间隙，生产队队长在田间地头领读书籍，带领社
员学习新知。

如今，城乡公共文化空间如同一座座灯塔，照亮人们的精神和灵魂。图为东营市利津县居民在宽敞明亮的现代社区阅览室读书。

左图：1993 年，女青年结伴赶集买新衣服。

右图：青年学子自信地穿着自己设计的毕业
作品服饰走在三涧溪村的街道上。

　　面对抗击"疫情"大考，广大医护人员闻令而动、迎难而上，在各自的岗位上尽职尽责、并肩而战、共克时艰，永做新时代泰山"挑山工"精神的践行人。

　　泰山是中华民族独特的精神标识，这一方雄浑热土孕育产生了泰山"挑山工"这一独特群体。图为挑山工通力合作，在陡峭的十八盘搬运物资。

　　旗帜引领方向，文化滋润心灵。小康路上，革命文化大力弘扬，红色故事广为传诵，红色传统焕发时代光芒，人们在感悟革命历史中接受精神洗礼、传承红色基因、汲取前进力量。图为广大市民手摇鲜红的五星红旗，齐声"歌唱祖国"。

　　革命文化、红色基因是坚定理想信念的强大原动力。没有革命文化的底蕴和滋养，信仰信念就难以深沉而执着。图为在山东省沂南县马牧池乡 101 岁红嫂张淑贞家里，山东科技大学的 14 名大学生在倾听老人述说她和婆婆救护伤员的感人往事。

　　革命传统教育要从娃娃抓起。注重方式方法创新，有助于引导青少年铭记党的历史、继承革命传统、传承红色基因。图为沂南换于红军小学小讲解员祖安晨向游客们讲解"沂蒙母亲"王换于创办战时托儿所的英雄事迹。

　　红色旅游热度逐年攀升，沿着"红色版图"，人们追寻红色记忆，感悟初心使命。图为位于山东省蒙阴县垛庄镇的孟良崮战役纪念馆前，社会各界举行展演活动，弘扬红色文化。

上图：形式多样、健康向上的校园文化活动，充分展示师生文明风貌和校园文明风采，推动文明校园创建向纵深拓展——肩负教书育人使命的校园，正在成为提高社会文明程度的一个重要窗口。图为文明"小天使"列队迎接家长和学生，引来大家赞赏的目光。

下图：全面建成小康社会，收获的不仅是物质文明的硕果，更是精神文明的成长、人民精神力量的增强。图为群众在露天舞台弹出快乐生活，喜悦之情溢于言表。

人无精神不立，国无精神不强。无论各行各业，当人们在理想信念、价值理念、道德观念上紧紧团结在一起时，就能展现出精神文明建设的伟大力量，凝聚起齐鲁儿女万众一心的磅礴动力。图为新时代工人的精神面貌。

把最好的精神食粮奉献给人民。丰富多彩的文化成果以社
会主义核心价值观为引领，以文化人、培根铸魂。图为在东营
雪莲大剧院广场上举办的千人古筝演奏会。

文化自信是一个国家、一个民族发展中更基本、更深沉、更持久的力量。用文化提振精神力量，形塑亿万中国人的精神气质。图为骑行爱好者组队踏青，强健体魄。

小康生活，富足的不只是物质生活，还有一方百姓丰富多彩的精神生活。图为群众自发组织的民间"乐队"正在进行露天表演。

　　生活富裕了，全民健身热也悄然兴起。从竞技体育到群众性体育活动，从重大赛事摘金夺银到闲暇时跳起欢快的广场舞，全民健身强健着民族筋骨、强大着民族力量。图为 2011 年 9 月 17 日，淄博市临淄人民广场上，1377 名来自社会各界的足球爱好者挑战颠球吉尼斯世界纪录。

　　全民健身促健康，全民健康促小康。发挥体育对人的发展生命周期全周期的作用，推进老年健身环境建设，统筹规划建设公益性老年健身体育设施，为老年人健身提供科学指导。图为在济南泉城广场运动健身的老年人。

　　图为黄河口（东营）马拉松赛事盛况。这项赛事特别设置了全民参与的5公里健身跑群众体育项目，体现了竞技体育、群众体育协调发展的原则。自2008年举办以来，赛事规模逐年扩大，影响力日益增强，参与群众越来越多。

　　从农家书屋、乡镇综合文化站，到城市公共图书馆、博物馆、文化馆、美术馆，覆盖城乡的公共文化设施网络持续完善，基本实现免费或低价开放。图为山东省会文化艺术中心大剧院。

2017 年建成使用的山东书城，成为推进全民阅读、涵养城市文明、引领社会风尚的重要平台。

各级公共文化服务场馆"门槛"的降低，让山东百姓享受到了实实在在的文化发展红利。图为在孔子博物馆，来欣赏镇馆之宝"清雍正黄地彩绘缠枝牡丹纹铜胎画珐琅五供"的观众络绎不绝。

左图：文化兴则国运兴，文化强则民族强。以文化焕发出的
内生动力，凝聚起全面建成小康社会的精神力量。中华文化所蕴
含的文明价值导向，滋养新时代、照亮复兴路。图为一对母女在
书店"知识的车厢"里阅读。

右图：随着覆盖城乡的公共文化服务体系逐步建立，公共数
字文化服务能力也大幅提升，提供新兴科技智能服务成为常态。
图为小朋友在阅览室尝试 VR 新体验。

　　在推动文化惠民政策落地基层的过程中，山东各地将传承传统戏曲文化融入送文化到乡村、到社区活动之中，一支支戏曲文艺演出队活跃在基层社区、田间地头，不仅丰富了群众精神文化生活，有效满足了老百姓日益增长的文化需求，也有力地推动了基层公共文化服务均等化，助力实现文化小康。图为趵突泉畔上演经典吕剧《小姑贤》。

　　文化振兴是乡村振兴的重要组成部分。近年来，山东省积极组织各类艺术团体和惠民志愿服务队，开展各种形式的送文化下乡活动，把优秀文化服务送到群众家门口，营造良好的乡村文化氛围，让基层群众从文化"温饱"逐步走向文化"小康"。2019年、2020年全省送戏下乡演出总场次均达9万余场；在全国率先启动省、市、县三级联合购买文化惠民演出。图为村民在家门口看精彩大戏。

上图：赋能美好生活，弘扬时代新风。近年来，结合决战决胜脱贫攻坚、推动乡村振兴和新时代文明实践中心建设，山东各地加快打通公共文化服务"最后一公里"。图为新时代文明实践广场上丰富的活动，吸引了村民前来观看。

下图：新时代文明实践中心逐渐成为人们学习理论政策的学校、丰富文化生活的舞台、倡导移风易俗的平台。丰富多彩的文明实践活动接地气、旺人气、正风气，广受群众好评。图为曲阜市小雪街道新时代文明实践站的青少年书法培训班。

　　近年来，研学旅游作为旅游业发展的新业态、新热点，焕发了前所未有的勃勃生机，关注度、大众参与度都很高。济宁市积极推动研学旅游朝规范化、特色化、专业化方向发展，将研学旅游作为发展特色精品旅游的示范招牌，深入挖掘研学旅游资源优势，打造研学旅游发展先行区，使之成为济宁市旅游产业发展的新动能。图为曲阜儒家研学基地。

"背《论语》免费游三孔"是孔子故里曲阜市的品牌文旅活动，自2013年5月1日开展以来，深受广大游客喜爱，曾被授予2013年山东省旅游产业创新奖特别奖荣誉，成为全国文物景区与研学旅游高度融合的样板，叫响了一个市场认可的研学旅行创意品牌。

临沂市兰陵县大力培育夜间文化旅游经济，用夜景吸引和留住人流，推动旅游产业高质量发展。目前已累计产生扶贫收益 960 余万元，惠及 6593 个贫困户、11281 名贫困人口。图为兰陵县重点扶贫项目"印象代村"夜景，其已成为繁荣当地夜游经济的标志性项目。

从"有没有、缺不缺"到"好不好、精不精"，新时代人民群众精神文化需求发生了深刻转变。提升文化内涵、为精神"补钙"的文化旅游休闲活动备受青睐。图为济南最著名的文化旅游胡同——芙蓉街上人潮涌动。

　　文化是旅游的灵魂，旅游是文化的载体。泰山天颐湖旅游度假区作为泰山脚下新的旅游文化精品，极大地丰富了泰山旅游的内容。

潍坊市临朐县借力"全域旅游"的东风，把包括淹子岭等5个自然村在内的黄谷中心村打造成为乡村旅游度假区、有机果品生产基地和美丽乡村示范点。图为山东海拔最高的标准化房车露营地——淹子岭房车露营公园，其每年接待各地游客8万余人，为贫困村及贫困户分红10万元。

文化与旅游融合发展，旅游景区、休闲度假、乡村旅游、红色旅游等旅游产品文化内涵不断提升，成为传播社会主义核心价值观的重要渠道，满足人民群众文化和旅游消费需求的重要方式，展示美丽山东的重要窗口。图为淄博市沂源县燕崖镇双马山，通过发展乡村旅游，不仅带动了周边贫困群众实现增收，而且推动了美丽乡村的建设。

中华优秀传统文化反映了中华民族的精神追求，是中华民族生生不息、发展壮大的重要滋养。山东制定传承发展中华优秀传统文化工作方案，建设曲阜优秀传统文化传承发展示范区，用好齐鲁文化资源丰富的优势，加强对中华优秀传统文化的挖掘和阐发，文化软实力和对外影响力显著增强，道德文化高地根基更为坚实。图为曲阜市专门祭祀孔子的大型庙堂乐舞活动——祭孔大典。

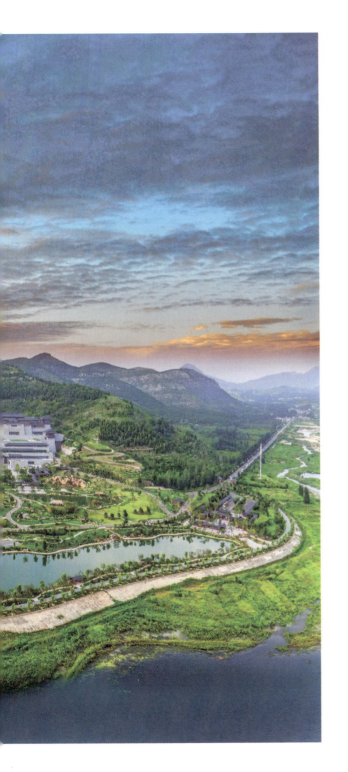

以文化人，以德养善。中华民族优秀传统文化发扬光大，凝聚起齐鲁儿女的精神力量。图为位于曲阜东南的尼山圣境。这里不仅是一处景区，更是一座传统文化体验园和传授传统文化知识的学堂。

　　图为济南泉城广场上，身着雅致汉服的年轻人从容漫步，构成一道颇具"穿越感"的独特风景。在这些年轻人眼中，汉服是代表中国传统文化的"时尚"服饰。

戏曲进校园、进乡村、进社区，让学戏、懂戏、爱戏的人越来越多，让传统文化后继有人。图为学戏曲的孩子们正在后台化妆、排练。

延续了民族文化血脉、凝聚了民族精神的中华优秀传统文化，在更大的舞台上焕发着新的生机活力，点亮了人们的小康生活。图为 2013 年 10 月 11 日在济南开幕的第十届中国艺术节上的精彩演出，为群众带来视听盛宴。

有近三百年历史的五音戏，发端于山东省中部的济南、淄博及周边地区，因其散发着浓郁的地方特色，方言纯朴自然，娱乐性强，引起现场观众的极大共鸣。

　　抓住春节、元宵节、端午节等契机，山东各地因地制宜举办一系列接地气、有生气的"我们的节日"主题活动。许多曾热衷过"洋节"的年轻人逐渐领略到传统节日的魅力。图为"初生牛犊"闹春忙。

　　农村赶大集的重要日子，也是山东非物质文化遗产得以展示的重要机会。一场场丰富多彩的集市文化活动，展现出新时代传统生活新气象。图为大集上的大杆号表演，这些民间艺人常被邀请来增添集会热闹气氛。

以传承弘扬黄河文化为出发点，山东努力在黄河文化旅游带规划建设中先行先试。济阳鼓子秧歌作为黄河文化的优秀遗产，始终散发着十足的魅力。图为 2020 年济南市济阳仁风镇黄河大堤上，鼓子秧歌震天响。

　　越来越多的传统戏曲、音乐、舞蹈、书画等走进校园，走进课堂、挥毫泼墨、吟诗诵词、亲近传统文化成为青少年的新时尚。图为潍坊市实验小学音乐社的同学们在高敏老师的带领下，以吟诵和琴歌的方式，领略传统文化。

学生在学校京剧馆体验京剧文化。

　　百姓小手艺，致富大产业。在潍坊，许多人拥有高超的风筝制作技艺。图为风筝艺人杨成芳正在制作风筝。如今，这项传统手艺正转化为她脱贫致富的"摇钱树"。

　　国家级非物质文化遗产杨家埠木版年画，间接地记录下
了当地民居和民间社会生活的情况，对于山东历代民间文化
的研究有巨大的参考价值。图为杨家埠木版年画工作室内，
制作版画的民间艺人。

如今，具有悠久历史的中华优秀传统文化绽放出更加迷人的光彩，传统文化更可观、可感、可知，更好懂、好听、好读。图为被纳入第二批国家级非物质文化遗产名录的传统音乐——鲁南五大调。

1994 年，自行车在农村已经普及，老少皆宜。

更幸福

全面建成小康社会　山东影像记

民生福祉立根本

全面小康，以人为本。民生为先，出发点和最终落脚点是人民幸福。民之所盼，政之所向，增进民生福祉是发展的根本目的。全面建成小康社会就是山东"由大到强"跨上新台阶的雄壮乐章，也是全省人民笑颜绽放的鲜活故事。发展有温度、幸福有质感，山东每项重大制度的出台，每个重大议题的设置，都直指一个目标——始终站稳人民立场，让人民过上好日子——将深厚的为民情怀，书写在消除绝对贫困的人间奇迹里，让人民过上好日子——将深厚书写在不断解决关系人民切身利益的突出问题的过程中，书写在幼有所育、学有所教、劳有所得、病有所医、老有所养、住有所居、弱有所扶的生活环境里，书写在让人民生活"一年更比一年好"的不变追求里，书写在人民深具获得感、幸福感、安全感的笑脸上。

左图：1991 年，准备放学的孩子们。

右图：新时代，高校学子们欢庆毕业。

上图：1987 年，小学生用上了新课桌。

下图：1980 年，小学生在黑板上写作业。

新时代，沂水县实验中学的学生正在崭新的微机室上 3D 打印课。

上图：菏泽市鄄城县李天开村的一对青年，在新落成的社区新家喜结连理。

下图：1982 年，娘家没有红布作盖头，只得借一面红旗蒙着新娘出嫁。

如今，传统中式婚礼依然承
古礼，保留着蒙红纱的习俗，红
纱的样式越来越繁复华丽。

集体婚礼融合了时尚新风和婚礼典庆两种文化，汇聚个体、群体、社会三方面礼俗特征和规模，隆重又不失浪漫，成为现代新人的时尚选择。

上图：2007 年 4 月 18 日，济南至青岛的首列"和谐号"动车在济南发车。

下图：20 世纪八九十年代，济南街头的"大辫子"公交。

2021年，济南市轨道交通初步成网，地铁进入"换乘时代"。

让老区人民过上好日子；增进民生福祉是发展的根本目的；要多谋民生之利、多解民生之忧……牢记习近平总书记嘱托，坚持人民立场，践行初心使命，把人民对美好生活的向往作为奋斗目标，在高质量发展中不断回应人民新期盼，满足民生新需求。图为济宁市金乡县农民在乡村水岸晨练。

小康社会，儿童福利和未成年人保护体系不断完
善，有力保障了儿童健康和全面发展。

随着社会的飞速发展，孩子们娱乐的方式和场所越来越丰富多彩。图为青岛啤酒节期间，儿童在泡沫的"海洋"恣意玩耍。

春天来了，父母带孩子出门放风筝，享受大自然。如今
物质生活丰富了，人们的精神也更放松，心情也更愉快。

上图：农村的休闲生活丰富多彩，邻里关系更加融洽和睦。图为聊城市东昌府区任堤口村的两位老年人在社区康乐场地压跷跷板，回味童年时光。

下图：文明新风持续吹拂，擦亮百姓幸福底色。文明花开香满园，同心掬得满庭芳。

　　通过种植绿色优质水稻、大棚蔬菜、果树和花卉，村民人均年收入
大大提升。每到收获的季节，农民的喜悦之情溢于言表。

　　温饱问题解决后，人们对生活品质、品位有了更高的追求，衣食住行不断升级，消费结构从生存型逐渐向发展型、享受型过渡。食，从吃饱到吃好、吃出健康，已经有了长足的发展。

　　全面建成小康社会，离不开交通基础设施条件的改善，努力实现"人享其行"，让人们的出行更加安全便捷。图为市民在刚刚开通的青岛地铁上开心地自拍。

近年来，山东积极实施棚户区改造、保障性安居工程和美丽乡村建设。居住条件的改善，大大提升了群众的获得感和幸福感。城市建设者让一栋栋高楼大厦拔地而起，他们也成为一道道靓丽的风景线。

　　万里黄河奔腾依旧，千里滩区换了人间。对于黄河滩区迁建这一重大工程和民生实事，省委、省政府态度坚决：砸锅卖铁也要办好。26 个滩区迁建专项方案接续推出，成千上万名党员干部根扎滩区，不舍昼夜，终于圆了 60 万名滩区群众幸福安居梦。图为 2019 年 2 月 5 日大年初一，济南市平阴县玫瑰镇外山村 1000多名村民相聚黄河边，集体拍摄整村搬入新社区前的全家福，留下美丽乡愁和美好记忆。外山村村民已于 2020 年 6 月份全部搬迁入住新社区。

　　泰安市东平县耿山口村村民一直与黄河水患抗争，因水患频繁，村民的大部分收入都用在了盖房上。如今，人们终于搬进了新建社区，远离了黄河滩。右图为位于黄河岸边的原村址，左图为新社区。

　　菏泽市东明县竹林新村地处黄河滩区腹地，是为保障滩区群众居住安全实施的一大安居脱贫工程。如今，在建好的新社区，放眼望去全是漂亮大气的双层小楼、干净整洁的街区、完善的娱乐活动广场。老人们有地方可以纳凉，儿童有地方嬉笑玩闹——扑面而来的现代化一改人们对这个村子的刻板印象。左图为竹林新村新貌，右图为村庄旧址。

　　东营市利津县把滩区综合发展放在首位，对滩区道路、水利等基础设施进行改造提升，极大改善了滩区基础设施配套水平，使滩区村真正走上了小康之路。图片为该县北宋镇高家村道路的对比，左图为改造提升工程实施后的新路，右图为泥泞的原道路。

2018 年底，山东基本完成脱贫攻坚任务，随后把防止返贫和新致贫摆在重要位置，并在全国率先建立即时发现即时帮扶机制，把切实保障和改善民生放到突出位置，强化困难群众兜底保障，加大对脱贫不稳定户、边缘易致贫困户等的动态监测、精准帮扶。图为小康时代的新农村，一排排楼房在成荫绿树间整齐排列，贫困村庄的旧貌一去不复返。

东营市垦利区董集镇罗盖村是山东省级文明村。
2016年在黄河南展区搬迁改造中，全部搬迁进入杨庙
新社区，全村群众住上了宽敞明亮的楼房。图为村民程
月华正往楼道大门上贴春联。

位于淄博市高青县县城北部的常家镇常盛社区，是由 4 个自然村合并而来的新建社区，其中两个自然村是从黄河滩区迁出来的。通过易地搬迁安置，这两个村的村民告别了滩区恶劣的生活环境，搬到了工作、生活更便利的县城附近，他们的美好生活由此开始。图为 2020 年 7 月，常盛社区居民打起腰鼓庆祝乔迁新居。

　　深厚的为民情怀，不仅体现在人居环境的明显提升中，一张张百姓舒心的笑脸，亦映衬出最暖最亮的民生答卷。近年来，淄博市沂源县水么头河北村大力发展乡村旅游、办农家乐，入股的村民户均增收 2000 元。村民崔之保圆了脱贫梦，日子越过越有滋味，他的脸上洋溢着幸福的笑容。

2018年4月3日，88岁的"红嫂"朱秀成（右二）正一针一线在拥军鞋垫上绣上文字和图案。临沂市沂南县蒲汪镇张家车疃村朱秀成，14岁就成为村里的妇女干部，积极拥军支前；新中国成立后，她白天忙于农业生产，晚上带领村里妇女一起做拥军鞋垫，并带动家人和很多亲戚加入其中。截至目前，"红嫂"已做鞋垫大约3万双。以前，"红嫂"做鞋垫拥军支前；如今，她收获的是和平年代满心的喜悦和幸福。

　　山东 5 年投入财政专项扶贫资金 329.7 亿元，实施产业扶贫项目 2.56 万个，建档立卡贫困人口全部脱贫，8654 个省扶贫工作重点村全部退出。临沂市沂水县吴家楼子村发展小棉袄产业，村里贫困老人都过来打工，干些针线活，不累，还能够改善生活。图为 76 岁老人商纪英在村头纺线，发扬传统手艺的同时也实现了脱贫致富，每年增收 6000 元。

上图："授人以鱼，不如授人以渔。"只有让贫困群众每人都能掌握拿得出手的技术，才能长久解决他们的生计问题。图为泰安市东平县旧县乡根据当地优势产业，为村民开展渔家乐技能培训。

下图：作为全国最大的绳网产业基地，滨州市惠民县南北李村设立了绳网"扶贫加工点"，让村里的贫困户、老弱病残人员在家门口进行绳网编织。重点帮扶对象 64 岁的巩相玉，通过编织绳网，全年可以收入 5000 余元。

　　脱贫攻坚战，要有领头雁。能人带头，致富不愁。图为淄博市沂源县历山街道历山社区，专家（后）在向居民传授刺绣加工技术。

在平邑县武台镇咸家庄村，新时代沂蒙扶贫"六姐妹"之一刘加芹上门指导贫困残疾户缝制服装。

就业是巩固脱贫攻坚成果的基本措施，也是最大的民生。山东通过特色产业带动就业、开发乡村公益岗位扩大就业、助力帮扶车间发展吸纳就业、推广以工代赈方式拓展就业、支持自主创业灵活就业等方式，促进脱贫劳动力务工规模稳中有增。图为大棚中种蔬菜的新时代农民。

上图：2018 年，山东省率先探索建立新型职业农民职称评定制度。截至2021 年 1 月底，全省 3329 人获评新型职业农民职称。图为日照市莒县果庄镇正在田间忙碌的新型职业农民。

下图：济宁市微山县渭河村委坚持"党建引领，立足湖区，产业扶贫"，充分发挥政策导向和示范引领作用，激励渔村渔民创业兴业，在河蟹养殖产业上，走出了一条脱贫致富之路。2018 年，该村40 户贫困户，经过一年的学习、培育、养殖、管理、销售，终于获得了养蟹的第一桶金。图为丰收的村民露出开心的笑容。

　　发展产业是实现脱贫的根本之策。发源于菏泽
鄄城县董口镇的"小窝棚",发展成为黄河滩区群
众就地就近就业的扶贫车间。图为转型升级后的鄄
城县六合社区扶贫车间场景。

随着直播产业日益兴盛，"直播＋"模式逐渐成形，"直播＋电商"所组成的新型直播形态在传统电商流量红利消退的情况下，成为提升交易量的另一种方式。菏泽市鄄城县在电商直播的基础上，打造"直播＋电商＋扶贫"的社交电商新模式，让贫困人员足不出户即可实现脱贫，走出了一条电商扶贫的本土化实践新路子。图为女主播面对直播镜头，有声有色地推介假发产品。电商直播使该县陈王街道西曹村扶贫车间生产的假发远销全国各地。

菏泽市巨野县依托中国农民绘画之乡、中国工笔画之乡的优势，发展壮大农民工笔画产业。图为巨野鲁西书画院画师展示自己的工笔牡丹画。该书画院先后免费培养 3000 多名书画人才，带动就业 4000 余人，增加农民收入 1.4 亿元。

菏泽市东明县陆圈镇李鹏飞，父亲早年病故，母亲务农，妹妹还在读小学，还要照顾年迈的爷爷奶奶，不能外出务工。李鹏飞被本村"光源光电公司扶贫点"录用，每月工资 2400 元，小伙子在新岗位上得心应手，面对镜头露出难得的笑容。

积极推广"扶贫车间""小微扶贫站点""大姐工坊"等，让贫困人口在家门口就业、增收、脱贫。目前，全省共有扶贫车间 3400 多家，累计吸纳贫困人口就业 2.7 万余名。图为在临沂市临沭县扶贫车间里，聋哑小伙既找到了工作，又收获了爱情。

　　针对教育热点难点问题，充分整合各类资源，着力破除体制机制障碍，提出"一县一案、一校一策"予以规划实施。目前，全省城镇中小学 56 人及以上大班额全部消除，有效提升了群众的满意度。解决"大班额"，金乡走在前列。图为建成并投入使用的济宁金乡一中新校。

　　图为菏泽市鄄城县左营乡黄河滩区新建学校启动仪式。截至目前，黄河滩区 88 个中小学（幼儿园）建设项目校舍面积 36.7 万平方米，全部如期完工。学校设计新颖，设备齐全，环境优美，在全县乃至全市小学中都堪称一流。

　　济宁市高度重视留守儿童教育，依托传统文化优势，为留守儿童开设国学课堂，传承中华民族传统美德，提升儿童文化素养，培育良好社会风尚。图为2017年2月，邹城市唐村镇青年之家里，留守儿童在上国学课。

推进省扶贫工作重点村义务教育薄弱学校改造计划，全面改善贫困地区办学条件。图为沂蒙山区沂南县为全县中小学教室、学生宿舍等区域安装了空调，保障广大师生温暖过冬。孩子们摸到崭新的空调很兴奋。

　　山东正全面实施教育优先发展战略，基础
教育跨越式发展，让每个孩子都能享受公平而
有质量的教育正在变为现实。

学前教育事关千家万户的切身利益。山东相继启动三期学前教育三年行动计划，积极扩大普惠性学前教育资源，努力构建更加完善的学前教育公共服务体系。图为幼儿园里的小朋友正在开心地做值日。

　　从"有学上"到"上好学"，从"学有所教"到"学有优教"，素质教育亦随之深入人心、扎实推进。随着新课改的推进，学校课程越来越呈现出综合化的发展态势。图为济南营市东街小学的学生们在老师的引导下领略雕刻艺术。

　　"老病残"，是脱贫攻坚的坚中之坚，是托底保障的难中之难，也是最难啃的"硬骨头"。近年来，山东聚焦聚力"老病残"等特困群体精准脱贫，坚持政府主导与社会参与相结合、政策扶持与市场运作相结合、促进脱贫与帮助解困相结合，综合施策、细腻操作，下足"绣花"功夫，确保老有所养、病有所医、残有所助，让特困群体和全省人民一道迈入全面小康社会。作为济南市首家残疾人文化产业培训就业基地，平阴绿泽画院为残疾人打造培训就业直通车，让残疾人实现了体面就业、稳定就业。图为画院培训场景。

脱贫路上不"等靠要"。青岛平度市旧店镇贫困
残疾人崔玉涛（右二）身残志坚，通过平度残联，开启
了运动员的生涯，苦练冰球技术，他和队友们曾获得
2018年世锦赛、2019年全运会冰球比赛冠军。

2017 年 9 月，济宁市微山县残疾人托养中心的孩子们在分享读书心得。该中心对全县贫困残疾人进行集中托养，被评为全国"阳光家园"示范机构。

为积极应对人口老龄化，山东省促进居家社区机构相协调、医养康养相结合的养老服务体系加快建立，多数城市社区初步形成助餐、助医、助洁等为主体的"一刻钟"居家养老服务圈，越来越多的农村社区建起村级幸福院、日间照料中心等养老服务设施。图为炎炎夏日，爱心人士为敬老院的老人送来凉爽。

济宁市深化开展"金晖助老"——
青春扶贫志愿者行动，结对帮扶留守、
失独老人。图为志愿者为贫困孤寡老
人集体过生日。

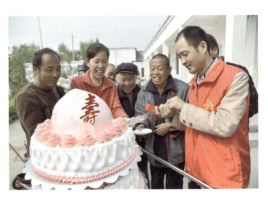

烟台市建设市民社区食堂，极大
地方便了社区老人及居民的就餐。

山东多地从解决老人吃饭困局入手，探索解决农村养老问题，供老人集体吃饭的"幸福食堂"模式取得良好成效。济宁市大力推进"幸福食堂"，贫困老人就餐免费，不仅有效解决了贫困老人吃饭难的问题，还为他们提供了一个精神交流的场所。图为2020年7月9日，曲阜市石门山镇董庄北村贫困老人在幸福食堂开心用餐。

　　小康路上，一个都不能少。锁定"老病残"，啃下"硬骨头"，齐鲁大地上一张张笑脸，让全面小康成色更足，底色更暖。图为老年公寓在为老人过生日。

全省各地创新养老方式和路径，综合运用各种手段，让老年人生活上有照顾，精神上有慰藉，感情上有依托。图为荣成市凤凰湖社区的日间照料中心，完备的设施让这里成为老年人的精神家园。

　　为民服务不是一句空话，要体现到行动上，落实在政策上。加快推进"互联网＋政务服务"，全面推广"只进一扇门""最多跑一次""不见面审批"等改革措施，加快建设一体化在线政务服务平台，推动实现政务服务"一网通办"。图为潍坊加大"放管服"力度，让民众"最多跑一次"，快捷解决群众问题。

　　山东在全国率先成立了省级云计算中心，组建了省云计算产业联盟，推动省云计算中心与相关部门、企业合作，加快云计算技术的应用落地。依托省云计算中心的"山东省建设领域项目信息和信用信息公开共享平台""山东省中小企业公共服务平台""山东省电子政务综合服务平台"等重点工程顺利实施并取得了显著应用成效。图为浪潮集团的济南云计算中心，该中心让济南市电子政务的发展走在全国前列。

　　2018 年 12 月 12 日土地摘牌成交，14 日凌晨 2：00 核发"四证"，14 日上午 9：30 占地 500 亩的费斯托济南全球生产中心二期项目正式开工，刷新了济南市建设项目快速审批的新纪录，同时也创造了建设领域规模以上外资项目快速审批的全国第一。图为该项目凌晨核发的"四证"。

山东多地主动攻坚，创新设立"办不成事"反映窗口，为群众办事提供兜底服务，确保难点、堵点有出口，群众办事不白跑、不扑空。图为济南市章丘区政务服务大厅"办不成事"反映窗口。

　　如今，山东成为全国最安全省份之一，"平安山东"成为一张亮丽的地域名片。这份安全感的背后，是无数基层民警的恪尽职守、无私奉献。他们坚持在一线做人民群众安全的守护者，用汗水和鲜血扛起肩上的职责和使命，不断增强人民群众的获得感、幸福感、安全感，顺应了人民群众的期待。

左图：社会救助是社会保障制度体系最后一道防线。山东从体制机制创新入手，优化民生资源配置，全面统筹社会救助体系，实现制度、能力、平台、资金和管理"五个统筹"。图为潍坊市儿童福利院的工作人员带儿童认识和品尝水果。

右图：2016 年 8 月 17 日，临沂市沂南县贫困家庭高考新生正在办理生源地助学贷款。沂南县对全县 125 个贫困村高考新生建档立卡，并开通助学贷款"直通车"，这些高考新生无须提报申请材料，学生和家长持录取通知书、身份证和户口簿，在县学生资助管理中心当场就能办理生源地助学贷款，不用再为学费发愁。

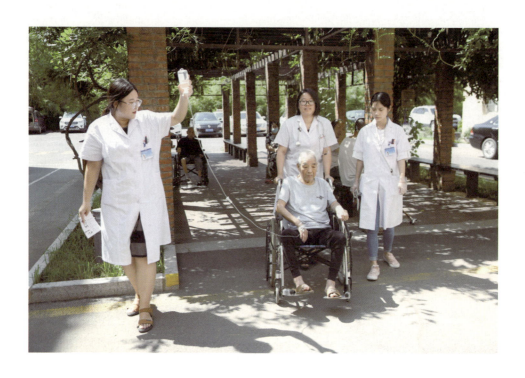

　　没有全民健康，就没有全面小康。完善国民健康政策，为人民群众提供全方位、全周期的健康服务，成为小康生活的题中之义。养中有医，医中办养，"医养结合"新模式为群众幸福加码。截至 2019 年底，全省医养结合机构共有 1728 家、开设床位 21.2 万张，742 家基层医疗卫生机构向康复、护理和养老服务延伸。

　　右上：为人民群众提供全方位、全周期的健康服务，要一个不少、一个不落地满足不同人群的需求，国民健康水平才能得到同步提高。图为医疗志愿者组成义诊团队，为前来咨询、就诊的老人答疑解惑、提供诊治。

　　右下：淄博市紧紧围绕满足分散供养特困人员照料服务需求的目标，在全国首推"第一村医"健康扶贫帮扶模式。三年时间，共选派 615 名优秀年轻医生担任"第一村医"，派驻和覆盖 1850 个村。图为"第一村医"来到田间地头为村民问诊。

　　面对突如其来的新冠肺炎疫情，山东聚焦破解顽瘴痼疾，把公共卫生应急管理改革作为九大改革攻坚的头号行动。目前，全省16市已全部启动传染病医院建设，所有县（市、区）疾控中心全部具备核酸检测能力。图为青岛华大气膜版"火眼"实验室，工作人员在处理核酸检测样本。

　　右下：为防控新冠肺炎疫情，各地纷纷打响阻击战疫。因为职责，因为防控担当，医护人员义无反顾地成为最勇敢的"逆行者"，从各地集结起来奔赴疫情一线。他们与时间赛跑、与病毒搏击，在病毒面前筑起一道道健康防线，让人民群众真切体会到什么是白衣战士的无畏、坚韧、奉献。图为迎接母亲从疫情防控一线平安归来的孩子。

右上：疫情发生以来，全省全力推进企业复工达产和防护措施细化落实，迅速建立应急保障工作机制。同时，加大防护物资生产供应。对医用口罩、防护服、护目镜、测温仪、消杀产品、中西药品、救护车等重点生产企业，实行台账管理，加大服务保障力度，全力以赴帮助企业解决难题、扩大产能、提升产量。联合食品药品监督管理局开辟审批绿色通道，支持有条件的企业对标改造提升，临时转产扩产，最大限度形成和释放防疫物资保障能力。图为工作人员在查验口罩质量。

1999 年，东营市垦利县宁海乡的土地风貌。

更美一丽

生态环境亮底色

全面小康，最亮丽的底色是良好的生态环境。本着「既为当代计，也为万世谋」的原则，为了齐鲁大地山更绿、水更清、空气更清新，山东坚定不移走生态优先、绿色发展之路，出重拳、下实招，实施「四减四增」三年行动，坚决打好蓝天保卫战等八场标志性战役，累计治理「散乱污」企业超过二万家，生态环境得到明显改善，主要污染物排放大幅减少。如今，从泰山之巅到黄河两岸，从鲁西平原到黄渤海之滨，越来越多的绿水青山变成了「金山银山」，「齐鲁画卷」也越绘越清晰，越绘越美丽。

1976年，公社组织干部和社员到荒山植树造林。

1977 年夏天，干旱缺水，生产队社员挑水给地瓜浇水抗旱。

　　左图：1980 年，山区山高土薄，严重
缺水，百姓只能靠天吃饭。

　　右图：1998 年，村民家中的墙上挂着
"山青水秀"的匾额。渴望生态宜居，是人
民群众自古以来的朴素心愿。

　　牢固树立"绿水青山就是金山银山"理念，坚定不移走生态优先、绿色发展之路，全面展开生态环保"四减四增"三年行动，坚决打好蓝天保卫战等八场标志性战役，空气综合指数三年改善 14.9%，$PM_{2.5}$ 浓度下降 14.8%，优良天数比例平均为 69.1%。2019 年，全省万元 GDP 能耗下降 18.6%，提前一年完成"十三五"规划目标。在收获更多蓝天繁星的同时，山东发展的"含绿量"不断提高。图为临清市魏湾镇运河。

2020 年，济南市生态环境系统聚焦大气、水、土壤环境质量改善，泉城济南的"气质"发生根本性变化，持续刷新"泉城蓝"。图为雨后的济南。

　　良好的生态环境是最公平的公共产品，是最普惠的民生福祉。图为"驴友"结伴骑行于东营市河口区孤岛镇万亩槐林中。风过之处，绿波浮动，百里飘香。

　　青岛依山傍海、空气清新、城市绿化优良，在中国科学院 2021 年发布的《中国宜居城市研究报告》中位列第一名。图为在青岛之窗看海岸线。

　　地处山东半岛最东端的威海，生态环境品质稳步提升，
生态环境质量一直保持全省领先。如今，威海正奋力打造
"美丽城市"威海样板。

　　栽下梧桐树，引来金凤凰。2014 年，举世瞩目的青岛世界园艺博览会落户百果山，由此，青岛市李沧区世园街道毕家上流社区迎来了一个巨大的发展机遇，插上了腾飞的翅膀。几年过后，950亩山头变得郁郁葱葱，30 万株、100 余种各类观赏与经济林木在百果山上茁壮成长，曾经的荒山野岭变成了"世外桃源"。

济宁城区的运河故道是老运河文化给这座城市留下的最直观的遗产。曲折的河道、依依的垂柳，至今依然是人们节假日休闲散步、欣赏美景的理想去处。

　　烟台以千里海岸线为纽带，将极具特色的文化名胜、城市风情串联在一起。为构建优美的海洋生态系统，烟台严格落实海洋生态红线管理制度，推动生态红线区分类管理、岸线分区管理，开展"仙境海岸"养护行动，加强船舶与港口污染管控，实施蓝色海湾治理工程，提高海洋精细化管控水平。

　　山东三面环海，海岸线长达 3345 公里，约占全国的六分之一，具有建设"海上粮仓"的优越自然条件和产业基础。图为蔚为壮观的海岸线风景。

在齐鲁大地，人与海、海与城一直和谐共生。

菏泽成武县的"文亭湖鸟岛"成为新晋网红打卡地。美丽的环境为大苍鹭、夜鹭、白鹭、白天鹅、灰鹤、大雁等鸟儿在此栖息、繁衍提供了天然的场所,成为鸟类的"天堂"。

　　总面积 15.3 万公顷的黄河三角洲国家级自然保护区，是我国暖温带最完整的湿地生态系统，成百上千只东方白鹳、黑嘴鸥等珍稀鸟类在此繁衍生息，370 种、600 万只鸟类将这里当作家园。黄河流域生态保护和高质量发展成为国家战略以来，自然保护区加快保护与修复步伐，全力保障黄河三角洲生态系统健康完整，先后实施了一系列湿地恢复和生态补水工程，并建设东方白鹳人工招引巢、实施东方白鹳繁殖栖息地保护改善工程，良好的生存条件为东方白鹳顺利繁殖提供了保障。图为东方白鹳在保护区筑巢繁育。

　　"哪里环境好，鸟儿最知道。"经过几年的治理，如今的黄河三角洲湿地生态环境明显改善，每年吸引 600 多只鸟迁徙到这里越冬、繁殖，成了鸟儿青睐的家园。

　　加快滩区生态、沿黄防护林、农田防护林建设，打造黄河百里风貌带，推动建设黄河下游绿色生态走廊。图为2021年3月13日，山东举行沿黄9市一体打造黄河下游绿色生态走廊暨生态保护重点项目开工活动，济南主会场黄河淤背区防护林建设工程项目现场。

黄河口的新能源之光，让黄河成为造福人民的幸福河。

位于滕州市西部的微山湖红荷湿地景区，是中国最大的荷花观赏地和北方最大的天然湿地。每年7月中旬至8月中旬，这里万顷红荷盛放，风光旖旎，是乘船赏荷以及观赏其他水生植物的胜地。

　　近年来，济宁市以微山湖省级自然保护区为核心，统筹流域山
水林田湖草综合治理，微山湖生态重现宜人之境。

　　荣成市天鹅湖水质清洁明澈，沙滩纯净金黄，蓝天碧水金沙滩，景色秀丽，气候宜人。每年11月至翌年4月，万只大天鹅，成千只野鸭、大雁不远万里，从西伯利亚、内蒙古等地呼朋唤友，成群结队悄然而来，在这里栖息越冬，也使这里成为世界上最大的天鹅湖，被国内外专家学者誉为"东方天鹅王国"。

无论春夏秋冬，这里永远是人与天鹅和谐相处的美好家园。

　　威海刘公岛国家森林公园四面环海，是全国唯一的"海上森林公园"，也是山东省海洋地质公园。岛上生态环境优良，森林和植被茂盛，200 多头梅花鹿在这里繁衍生息。

刘公岛上还有自建的护林队伍，在消防站的指导下共同守护这座岛的自然环境免遭破坏。

2018年，国家批复山东省新旧动能转换综合实验区建设总体方案以来，崂山区主动作为、先行先试，对产业发展与生态环境保护协调共进模式进行探索、尝试，取得了一定的成效。图为生态宜人的崂山风景区。

　　沂蒙山近年来着力打造"山青、水秀、林茂、田良、矿绿、人和"
的生态环境，建设美丽宜居乡村。图为临沂市乡村美景。

　　以彩色为底，着色美丽乡村，并以绿水青山、田园风光的生态优势涵养特色富农产业，已成为山东生态建设催生绿色效益的鲜明底色，绘就了"百姓富、生态美"的幸福图景。

　　位于淄博市博山区西南的博山红叶柿岩旅游区，地处古老峡谷之中，群山环抱，具有独特的原生态乡村气息，拥有至今保留完好的明清石材建筑群。如今，借乡村振兴之势，博山区充分整合利用齐长城文化、红叶景观资源和独特的地理环境、便捷的区位交通优势，在此打造乡村振兴项目的典范。

结语

　　走过承前启后、继往开来的关键一程，奋进中的山东，如今又站上新的起点，迈向新的征程。将习近平总书记的嘱托内化于心、外化于行，山东，立足新发展阶段，贯彻新发展理念，主动服务和融入新发展格局，找准定位，科学谋划，将带领全省人民，以更加昂扬的斗志、充足的底气、饱满的热情、蓬勃的朝气，投身新时代社会主义现代化强省建设新实践。

　　潮涌催人进，风正好扬帆。瞩目前方，新蓝图已绘就，新征程已开启。山东正在乘势而上开新局，踏上实现第二个百年奋斗目标的新征程，走在通往更加美好幸福生活的大道上。在以习近平同志为核心的党中央坚强领导下，亿万齐鲁儿女必将拿出快马加鞭、只争朝夕的干劲与激情，把使命扛肩上，把责任刻心头，勇做新时代泰山"挑山工"，奋进新征程，建功新时代，朝着人民群众的新福祉奋勇向前，谱写新时代社会主义现代化强省建设的辉煌篇章！

后记

　　《全面建成小康社会山东影像记》根据中共中央宣传部统一部署编写而成。在编写出版过程中，中共山东省委宣传部牵头组织，山东画报社负责书稿编写，山东人民出版社承担出版任务。

　　为人民铸魂，为时代存照。在时间跨度较大的历史叙事中，图像的重要性毋庸置疑。让更多人"进入现场，凝望历史，见证巨变"，以"摄影艺术"和"新闻纪实"两种线索的生动互文来追寻小康成就的细节与脉络，是本书编写的初衷。全书以影像方式忠实纪录了党领导人民打赢脱贫攻坚战、全面建成小康社会伟大历史进程中的山东实践，生动展现了改革开放以来，特别是党的十八大以来，山东牢记习近平总书记嘱托，锚定"走在前列、全面开创"，统筹推进"五位一体"总体布局，协调推进"四个全面"战略布局，深入实施八大发展战略，纵深推进九大改革攻坚，山东发展呈现由"量"到"质"、由"形"到"势"的根本性转变，期待读者发掘和重新关注那些稍纵即逝的偶然、那些重要而可能被其他文本忽略的事实。

　　在本书编写过程中，中共山东省委宣传部积极组织调度多方力量，保障编写出版工作顺利实施。山东省摄影家协会等单位和个人亦给予大力支持，提供了相关图片资料。具体编写环节，得到了袭艳春、魏长民等同志的关心指导，刘大鹏、王安琛、孙坤、史斌等同志给予了大力支持。杨大卫、谷永威等同志协调编撰工作。书稿完成后，山东人民出版社邀请多位出版专家进行审读把关，为进一步完善定稿提出了中肯意见。在此一并表示诚挚的谢意！因书中所用部分图片的拍摄者信息不详，无法一一联系或确定著作权人，见书后请与山东人民出版社总编室联系，略付薄酬，聊表谢忱。

　　由于编者水平有限和时间仓促，书中难免有疏漏和不足之处，敬请广大读者批评指正！

本书编写组
2022 年 6 月

山东影像记

全面建成小康社会

民族歌剧《沂蒙山》　　《黄河入海之美》　　《沂蒙山下》　　鄄城黄河迁建展厅视频《千年梦想 乐业安居》　　菏泽城市形象片《绽放》

青岛海尔宣传片　　《奋进的歌》　　《通达的桥》　　《起航新征程》　　《书画山东》

《经山历海》　　参加山东代表团审议　　《小康路上看山东》